El libro de
MI PRIMERA COMUNIÓN

Un regalo de: Fam. Estrada Díaz
Para: Alejandra I. Robles Díaz

Edición y textos:
María Eugenia Ludueña
Arte, diseño y cubierta:
Mariana Capuzzi
Fotografía: Ariel Gutraich
Producción fotográfica: María Inés Podestá
Recorte digital: Cecilia Amoedo
Editor: Oscar Armayor
Producción: Mikonos
Comunicación Gráfica

Los objetos que ilustran
este libro fueron fotografiados
gracias a la colaboración de:
La Mercería de Paula: Ricardo Gutiérrez 1307,
Olivos, Pcia. de Buenos Aires, (011) 4794-9972.
G.C. Souvenirs: D. F. Sarmiento 3484, Olivos,
Pcia. de Buenos Aires, (011) 4799-4132.
Planeta Fiesta, Cotillón, Repostería:
Berutti 1767, Martínez, Pcia. de Buenos
Aires, (011) 4798-4509.

EG

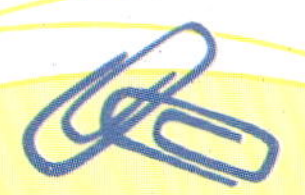

El libro de
MI PRIMERA COMUNIÓN

EDITORIAL GUADAL

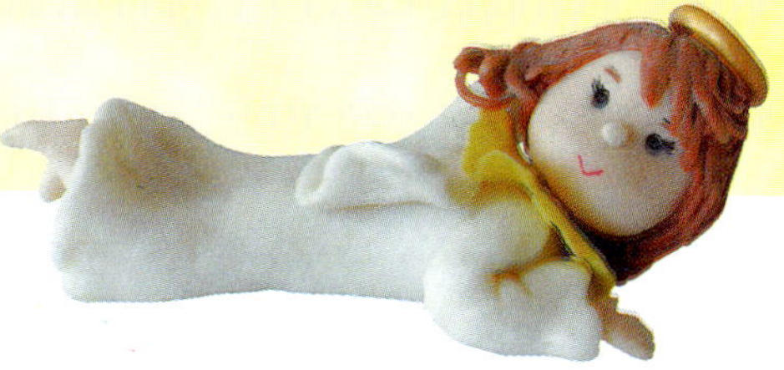

Quién soy

Nombre:...
....

¿Dónde nací?...
....

Fecha de nacimiento:...
....

Mi escuela:...
....

Papis:...
....

Hermanos:...
....

Abuelos:...
....
....

Primos:...
....

Tíos:...
....

Mi comida preferida:...
....

Deportes favoritos:...
....

Los libros que más me gustaron:...
....

La música que escucho:...
....

Programas de tele:...
....

Un día perfecto:...
....

6

En esta foto ....

Mi Bautismo

Me convertí en Hijo de Dios el día .... del mes de .... del año ....,

en la .... de la ciudad de ....

Me contaron que el día de mi Bautismo ....

....

MI MADRINA

Ella se llama

....

y fue elegida porque

....

....

MI PADRINO

Él se llama

....

y fue elegido porque

....

....

PEGA AQUÍ
UNA FOTO
DE TU
BAUTISMO

Catequesis

Para recibir el sacramento de la Comunión, participé de las clases de catecismo en ....
....

Mi catequista se llama ....

Lo que mejor aprendí en este tiempo es que ....
....

Mis compañeros de las clases de catequesis son ....
....
....
....

Lo que me propuse a partir de la catequesis ....
....
....
....
....

Otras cosas con las que
me preparé para tomar
la Comunión:...
....
....
....
....

"La Santa Eucaristía es la perfecta expresión del amor de Jesucristo por el hombre, es la quintaesencia de todos los misterios de su vida". (Santa María Goretti)

"Llegada la hora, Jesús se sentó a la mesa con sus apóstoles. Les dijo: 'En verdad, he deseado muchísimo comer esta Pascua con ustedes antes de padecer; porque, les aseguro, ya no la volveré a celebrar hasta que sea la nueva y perfecta Pascua en el Reino de Dios'. Jesús recibió una copa, dio gracias y les dijo: 'Tómenla y repártanla entre ustedes, porque les aseguro que ya no volveré a beber del jugo de la uva, hasta que llegue al Reino de Dios'. Después tomó el pan y, dando gracias, lo partió y se lo dio, diciendo: 'Esto es mi cuerpo, el que es entregado por ustedes. Hagan esto en memoria mía' ". (Lucas 22, 14-19)

"Yo soy el Pan de Vida. El que viene a mí nunca tendrá hambre, el que cree en mí nunca tendrá sed". (Juan 6, 35)

"De verdad os digo que el que no reciba el Reino de Dios como un niño, no entrará en él". (Marcos 10,15)

"Dejad que los niños vengan a mí y no se lo impidáis, porque de ellos es el Reino de los Cielos". (Mateo 19, 14b)

El gran día

Esa mañana amaneció ....

Me levanté y ....
....

¿Cómo me vestí para ese día especial? ....
....

Fui a la ceremonia acompañado por ....
....

Antes de entrar en la ....
....

Llevé conmigo (un cirio pascual, un libro de oraciones, un rosario, una Biblia) ....
....

Una linda historia que escuché ese día ....
....
....

"Dame, Señor, en este hermoso día
lo que te pido con todo mi corazón.
Dicha y unión concede a mi familia,
y al mundo tu paz y bendición".

Recibí la

Primera Comunión

el día .... del mes de ....

del año ....

en la ....

....

La Eucaristía

Comer y beber del cuerpo y la sangre de Jesús es hacerse uno con él. Vino para que tuviéramos vida plena. Se hizo alimento, amigo, maestro, hermano, salvador, fuerza y unidad con los demás. Recibirlo en la Eucaristía va mucho más allá del momento de la Comunión. Los niños que sienten la invitación a colaborar con Él saben que vivir en el amor y la paz, y llevar alegría a otros, es experimentar en carne propia la comunión con Jesús. La Comunión une a la Iglesia, hermana con los más pobres y necesitados, así como lo hizo Jesús en su tiempo, al mirar a todos los hombres con rostro de hermano.

¿De qué hablaron las lecturas? ....

....

¿Sobre qué habló la homilía del sacerdote? ....

....

¿Cuáles fueron las ofrendas? ....

....

¿Cuáles fueron las promesas renovadas? ....

....

¿Cuáles fueron las intenciones? ....

....

PEGA AQUÍ
UNA FOTO
DE TU PRIMERA
COMUNIÓN

Celebración

Para festejar mi Primera Comunión nos reunimos el día ....

en .... a partir de las ....

La celebración estuvo organizada con mucho cariño por ....

Llegué al lugar y ....

La fiesta fue ....

Pasamos un gran momento compartiendo una mesa donde no faltaron ....

....

Todos comentaron ....

....

Lo más divertido:

....

Lo más emocionante:

....

Lo más lindo:

....

LOS REGALOS

Para compartir mi alegría
y felicitarme, los que me quieren
me regalaron ....

....

Pero el mejor regalo de ese día
fue recibir en mi corazón
el cuerpo de Cristo.

"Partían el pan en sus casas y comían juntos con alegría y sencillez de corazón, alababan a Dios y eran queridos por todo el pueblo". (Hechos de los Apóstoles 2, 46-47)

PEGA AQUÍ
UNA FOTO
DE LA REUNIÓN
FAMILIAR

Cartas y tarjetas

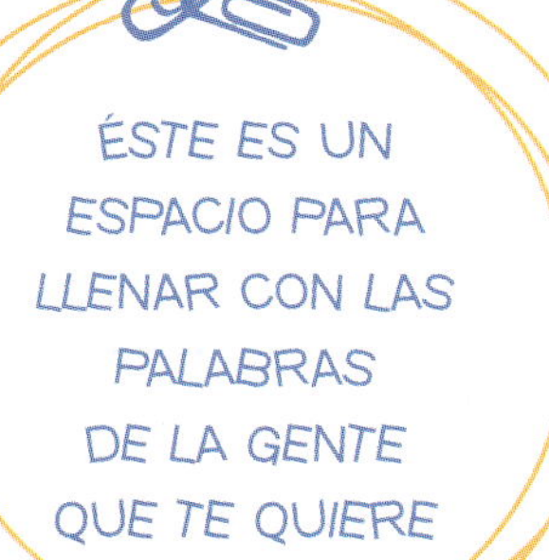

Mensajes

De corazón

Recibir la Primera Comunión es un día único porque ....

....

....

A partir de hoy me comprometo a ....

....

....

EL COFRE ESPIRITUAL

Escribe en este espacio aquello que podrías hacer para transmitir la paz y el amor de Dios.

Cosas que puedo hacer por mi familia:..

....

....

Por mis amigos:...

....

....

Por mi comunidad:...

....

"Les doy un mandamiento nuevo: que se amen unos a otros. Ustedes se amarán unos a otros como yo los he amado. Así reconocerán todos que ustedes son mis discípulos: si se tienen amor unos a otros". (Juan 14, 34-35)

PEGA AQUÍ
UNA FOTO
DE TU PRIMERA
COMUNIÓN

PEGA AQUÍ
UNA FOTO
DE TU PRIMERA
COMUNIÓN

PEGA AQUÍ
UNA FOTO
DE TU PRIMERA
COMUNIÓN

PEGA AQUÍ
UNA FOTO
DE TU PRIMERA
COMUNIÓN

PEGA AQUÍ
UNA FOTO
DE TU PRIMERA
COMUNIÓN

Glosario

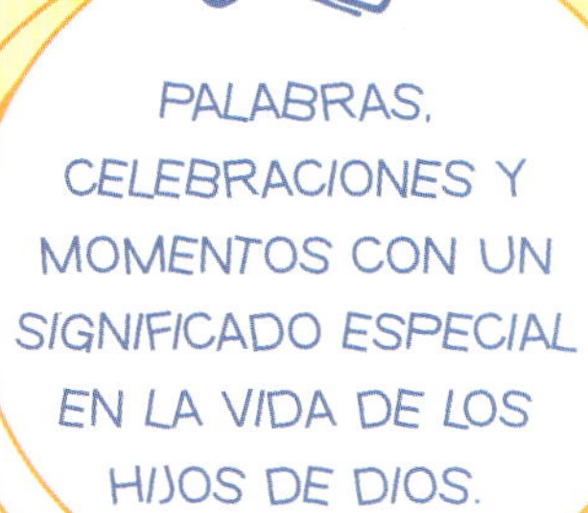

SACRAMENTOS

BAUTISMO: por este sacramento renacemos a la vida divina y somos reconocidos Hijos de Dios.

PENITENCIA: por la Reconciliación o Confesión, Jesús perdona nuestros pecados.

EUCARISTÍA: Jesús está presente en el pan y el vino consagrados por el sacerdote.

CONFIRMACIÓN: a través de este sacramento se perfecciona la gracia bautismal y experimentamos la fortaleza para enraizarnos en la comunidad cristiana.

MATRIMONIO: esta alianza entre los Hijos de Dios establece el libre consentimiento y la unión de los novios frente a la comunidad.

ORDEN SACERDOTAL: a través de la imposición de las manos, este sacramento transforma en sacerdotes a los cristianos y les confiere dos grandes poderes: perdonar los pecados, y convertir el pan y el vino en cuerpo y sangre de Jesucristo, para guiar a los cristianos.

UNCIÓN DE LOS ENFERMOS: este sacramento concede una Gracia especial para afrontar los avatares de una enfermedad grave o la última etapa de la vida terrenal.

TIEMPOS LITÚRGICOS

ADVIENTO: tiempo de espera para el nacimiento de Cristo, de transformación y oración para preparar la llegada con alegría. Las cuatro semanas previas al 25 de diciembre.

NAVIDAD: el Hijo de Dios se convirtió en el Niño Jesús para abrirnos las puertas del Cielo y enseñarnos el camino a la vida eterna.

EPIFANÍA: el 6 de enero la Iglesia celebra el amor de Dios revelado a los seres humanos. Los cristianos salen al encuentro del Niño Jesús y lo adoran tal como lo hicieron Melchor, Gaspar y Balthazar.

CUARESMA: preparación para la Pascua que se inicia cuarenta días antes, el Miércoles de Ceniza. Tiempo de oración, penitencia y ayuno.

SEMANA SANTA: comienza el Domingo de Ramos y finaliza el de Pascua. En la mayor fiesta de la Iglesia, el Mesías triunfa sobre la muerte y anticipa nuestra resurrección.

LA ASCENSIÓN: Jesús asciende para abrirnos las puertas del Cielo. Desde la tierra podemos trabajar para cumplir nuestra misión, vivir como él y buscar el Reino de Dios.

PENTECOSTÉS: nacimiento de la Iglesia Católica. Se celebra 50 días después de Pascua. Revive la llegada del Espíritu Santo que dio la fuerza para llevar la palabra de Dios al mundo.

LA SANTÍSIMA TRINIDAD: una semana después de Pentecostés la Iglesia celebra el misterio central de la fe: un solo Dios en tres personas: el Padre, el Hijo y el Espíritu Santo. Fue el primer dogma que entendieron los Apóstoles.

CRISTO REY: se festeja el último domingo del año litúrgico. Celebra que Cristo es el Rey del Universo, y que su Reino está hecho de Vida y de Verdad, de justicia, amor y paz.

Oraciones

Después de expresar el deseo de vivir según el Evangelio y de compartir el cuerpo de Cristo, estas oraciones refuerzan el compromiso de fe. Y pueden ser de gran ayuda a lo largo de nuestra vida cristiana.

¿CÓMO ENSEÑÓ JESÚS A SUS DISCÍPULOS A ORAR?

Rezar es hablar con Dios, con la Virgen, con los ángeles y los santos. Jesús enseñó a sus discípulos a orar con el corazón puro, con actitud humilde, sencilla, perseverante; y con la fe viva. Él nos dijo: "Pidan y se les dará; busquen y encontrarán; llamen y se les abrirá; pues todo el que pide recibe; el que busca encuentra; y al que llame se le abrirá" (Mateo 7, 7-9). El fruto de la plegaria tiene la promesa del Señor. También puedes rezar hablando con Dios con tus propias palabras.

POR LA PAZ

Señor Jesús, ten piedad de nosotros y concédenos la paz y la unidad, no permitas que nos soltemos de tus manos y danos un corazón capaz de amar como tú nos amas. Ten piedad, Señor, de nosotros, los que a ti nos encomendamos, te lo rogamos por tus méritos y los de tu amorosa Madre. Ten piedad y sé nuestra Roca y Baluarte. Madre Santa, dirígenos por el camino que al Señor le agrada; danos, Señor, las armas necesarias para hacer de este mundo un espacio de amor misericordioso, donde ningún hermano sufra. Te lo rogamos, Señor, por la intercesión de María Santísima, por sus méritos te lo pedimos, a ti que vives y reinas por los siglos de los siglos. Amén.

PARA LA MAÑANA

Señor, en el silencio de este día que nace, vengo a pedirte paz, sabiduría y fuerza. Hoy quiero mirar al mundo con ojos llenos de amor. Ser paciente, comprensivo, humilde, suave y bueno. Revísteme de tu bondad, Señor, y haz que en este día yo te refleje. Amén.

PARA BENDECIR LAS COMIDAS

Bendícenos, Señor, y bendice estos alimentos que nos vamos a servir, y que Tú nos das por Tu infinita bondad. Te lo pedimos por Cristo Nuestro Señor. Amén.

ANTES DE DORMIR

Ángel de mi guarda, dulce compañía, no me desampares ni de noche ni de día, hasta que descanse en los brazos de Jesús, José y María.

Mi Confirmación

El sacramento de la Confirmación da la gracia y la fortaleza necesarias para ser firmes en la fe y en el amor a Dios y al prójimo. Así como los apóstoles recibieron los dones del Espíritu Santo en Pentecostés, a través de la Confirmación los cristianos reciben de él una fuerza especial para difundir y defender la fe mediante la palabra y las obras.

¿Por qué quise recibir este sacramento? ....

....

....

¿Cómo me preparé para recibir la Confirmación? ....

....

....

Confirmé mi fe cristiana el día .... del mes de .... del año ....

En ....

Mi madrina o padrino es ....

Y lo elegí porque ....

Desde este día me comprometo a ....

....

....

....

....

....

....

Unas palabras escritas

por mi madrina o padrino

....

....

....

....

....

PEGA AQUÍ
UNA FOTO
DE TU
CONFIRMACIÓN

Índice

La Primera Comunión se grabó en tu corazón. La celebración de la Eucaristía continúa. Estas páginas te recordarán el compromiso de recibir a Jesús y de construir cada día un planeta mejor.